RÉPONSE

TRÈS-SUCCINTE

DE JÉROME PETION,

Au long Libelle de Maximilien ROBESPIERRE.

ROBESPIERRE m'a compris pour quelque chose dans sa grande dénonciation ; je vais lui répondre en bien peu de mots (1).

Il me permettra, sans doute, de ne pas me regarder comme accusé : depuis long-temps il ne peut plus diffamer personne. J'avoue que la Nation sera un peu surprise en voyant quels sont ceux qui affectent de jouer le rôle d'accusateurs, & quels sont ceux qui sont accusés.

---

(1) L'incertitude de lire à la tribune, & sur-tout le desir de fixer par écrit les faits qui touchent à la moralité de ma conduite, m'ont déterminé à faire imprimer ces explications.

On a bien pu préparer, par d'éternelles calomnies, & des moyens plus bas encore, une petite opinion du moment contre certains individus qu'on a intérêt de perdre; mais tout ce misérable échafaudage à la fin tombera.

Il demeurera bien constant, & pour la Nation & pour la postérité, qu'il y a eu une conspiration formée dans la nuit du 9 au 10 Mars pour dissoudre la Convention nationale.

Il n'y aura pas plus de doute sur le principal foyer de l'incendie.

Il paroîtra très-probable, si même par la suite il n'est pas démontré, que cette conspiration tenoit, par plus d'un fil, à la trahison qui a éclaté depuis.

Personne ne sera assez insensé pour croire que ceux-là étoient les conspirateurs qui devenoient évidemment les victimes du complot. Mais n'importe : il faut accuser, il faut calomnier ; il faut sur-tout détourner l'attention de soi pour la porter sur les autres. Cette ruse des lâches & des conspirateurs n'est pas nouvelle; elle n'est cependant pas usée, & elle fait toujours des dupes.

Quelles ont été mes relations avec Dumourier? Quelles ont été mes relations avec d'Orléans? Quelles ont été mes relations avec Miranda?

Robespierre se garde bien de dire que je suis le complice de Dumouriez, que je suis celui d'Orléans; il semble seulement me reprocher de m'être intéressé à Miranda, & d'avoir contribué à son avancement dans les armées de la République.

Mais ce que Robespierre ne dit pas, ses bons amis le disent; & déjà la tribune des Jacobins a retenti plus d'une fois de ces calomnies aussi atroces qu'absurdes.

Il est donc nécessaire de s'expliquer nettement & une fois pour toutes : si les calomniateurs continuent ensuite à injurier & à diffamer, je leur laisserai faire leur métier.

Il faut convenir qu'il seroit plus qu'extraordinaire que je conspirasse pour donner un Roi à mon pays, moi qui n'ai cessé de conspirer contre les Rois; moi qui les ai attaqués sans relâche, non pas quand ils n'étoient plus, mais quand ils étoient environnés de toute leur puissance.

Dumourier demande un Roi; d'Orléans

aſpire à l'être ; donc il eſt abſurde de me ſuppoſer leur complice.

Ce n'eſt pas aſſez, & je particulariſe davantage. J'ai connu Dumouriez, & j'ai applaudi avec toute la France à ſes ſuccès. J'ai regardé qu'il avoit ſervi la République Dans les plaines de la Champagne. Je ne crois pas du tout qu'à cette époque il eût conçu des projets de trahiſon. Il eſt impoſſible que ce ſoit d'intelligence avec les ennemis qu'il les ait battus à Jemmape. Il eſt impoſſible que ce ſoit d'intelligence avec eux qu'il ſe ſoit emparé de la Belgique & qu'il ait commencé la conquête de la Hollande.

Je n'apperçois Dumouriez changer, qu'au moment où il ſe voit contrarié dans ſes plans, où il éprouve des revers, où il voit ſa gloire compromiſe, où il voit la Belgique en proie à toutes les dévaſtations, où chaque jour il eſt dénoncé, calomnié ; alors ſa tête s'échauffe, s'exaſpère ; des hommes perfides auront profité des diſpoſitions de ſon ame aliénée, pour l'entraîner dans un parti, & le plonger dans l'abîme.

J'ai toujours cru que la morale publique de Dumouriez ſeroit alimentée par la gloire;

que son propre intérêt l'attacheroit à la République ; & j'ai douté jusqu'au dernier instant qu'il fût un traître.

Je ne lui ai écrit qu'une seule fois depuis son entrée dans la Belgique, à l'époque où il venoit de rallier les deux armées, où il paroissoit leur inspirer la plus grande confiance, où nous avions l'espoir qu'il les méneroit à de nouvelles victoires. Je lui donnois des encouragemens pour faire triompher la cause de la liberté.

J'ignore si ma lettre lui est parvenue, mais il ne m'a pas répondu.

J'écris très-rarement des lettres; mais je puis bien affirmer que je n'en ai jamais écrit une seule, & à qui que ce soit, qui ne respire les sentimens de liberté qui sont gravés dans mon cœur, & qui y resteront éternellement.

J'ai connu bien davantage, non pas d'Orléans, mais ses enfans, mais leur institutrice, mais Sillery.

Je dois rendre ici justice : jamais les enfans d'Orléans, jamais leur institutrice, jamais Sillery n'ont manifesté devant moi, que les sentimens du plus pur patriotisme.

Je ne lis pas au fond des ames ; je ne sais pas sur-tout quand des pesonnes que j'ai connues se montrent ensuite égarées ou coupables, les écraser : je dis ce que je sais, ce que j'ai vu ; & je le dis sans déguisement comme sans flatterie.

J'adjure les citoyens qui fréquentoient la société de l'institutrice des enfans d'Orléans, & j'y ai vu d'excellens patriotes, de déclarer si nulle part on professoit des principss plus civiques.

En supposant même que cette doctrine ne sût que du moment, on concevra facilement qu'elle devoit être prêchée avec beaucoup de ferveur. La liberté alors vouloit qu'on renversât une Cour corrompue, & qui tendoit sans cesse à rétablir le despotisme : or qui est-ce qui étoit plus intéressé à la détruire, que d'Orléans qui en étoit l'ennemi.

Quant à lui personnellement, on conviendra bien que ce n'est pas moi qui l'a mis en faveur, qui l'a porté à la Convention, qui l'a défendu ; mais voici un fait sans réplique.

Lorsqu'il fut question d'éloigner du territoire de la République la famille des Capets, d'Orléans vint plusieurs fois me voir & me

demanda mon avis fur le parti qu'il avoit à prendre. Je lui dis : « Jamais vous ne trou-
» verez une occafion plus belle de fervir
» votre patrie, ni plus honorable pour vous ;
» à votre place j'irois au-devant du décret ;
» je me préfenterois à la Convention ; je
» déclarerois qu'ayant toujours aimé la li-
» berté, je fuis prêt à lui faire tous les facri-
» fices ; qu'il fuffit que ma préfence puiffe
» alarmer un inftant la République naiffante,
» donner prétexte à des partis, foit réels, foit
» imaginaires, pour folliciter moi-même un
» exil glorieux.

» Je ftipulerois avec nobleffe les intérêts
» de mes créanciers ; & je demanderois à
» me retirer dans les États-Unis de l'Amé-
» rique. »

Je fuis fûr, lui ajoutai-je, que la Convention fe conduiroit à votre égard avec la dignité & la munificence qui appartiennent à un grand peuple ; & vous feriez accueilli chez les Américains comme doit l'être un homme qui a fait un grand acte de dévouement pour la liberté de fon pays.

Je tins le même langage au fils aîné d'Orléans en préfence de fon père.

Ce conſeil ne plut pas ſans doute à d'Orléans, qui n'eſt pas venu chez moi depuis ; mais ſans doute auſſi il le communiqua à quelques perſonnes : car, choſe très-remarquable, je fus dénoncé aux Jacobins pour le lui avoir donné ; & Tallien publia un N.° où il me fit un grand crime de cette opinion.

Je continue cependant à croire qu'elle étoit ſage, qu'elle étoit utile à la République & honorable pour Orléans.

Mais au moins elle prouve évidemment une choſe, c'eſt que j'étois bien éloigné de vouloir faire d'Orléans, ſoit un Protecteur, ſoit un Roi. Elle prouve auſſi que j'abattois toutes les branches de la faction en mettant le tronc à bas.

Lorſque Louis le dernier eut perdu la vie, j'écrivis au fils aîné d'Orléans, & je lui marquai que l'expulſion de la Famille me paroiſſoit alors un acte commandé par les conſidérations les plus puiſſantes, & de politique, & de ſalut public.

Ce jeune homme, qui m'écrivoit aſſez ſouvent, & toujours dans le ſtyle le plus patriotique, ceſſa tout à coup de correſpondre avec moi, & je n'ai pas reçu depuis une ſeule de ſes lettres.

Il eût ſans doute été à déſirer pour la choſe publique, que d'Orléans & ſes enfans n'euſſent pas trouvé d'autres conſeils & d'autres ſoutiens.

Quant à Miranda, les faits ſont très-ſimples. J'étois Maire de Paris, lorſque Garran-Coulon le préſenta chez moi, il y a à peu près un an.

Je trouvai dans Miranda un homme extrêmement inſtruit, un homme ayant médité les principes des Gouvernemens, paroiſſant fortement attaché à la Liberté; un véritable ſage. Il venoit me voir de diſtance à autre, & j'avois avec lui des entretiens très-inſtructifs.

Miranda avoit ſervi avec diſtinction en Amérique, lorſque les Américains verſoient leur ſang pour la Liberté.

L'ennemi étoit ſur notre territoire. Je dis à Miranda: « vous devriez prendre du ſervice en France »; & il y conſentit. Je le recommandai au Miniſtre Servan, comme j'aurois recommandé tout officier que j'aurois cru pouvoir être utile à la cauſe de la Liberté.

Le Miniſtre l'employa, & il eut lieu de s'en féliciter.

La conduite de Miranda dans les plaines de Champagne, a été louée par tous ceux qui l'ont connue; elle a été louée par les Commiſſaires; Dumouriez ne tariſſoit pas d'éloges ſur ſon compte. . . .

Miranda vient d'expoſer celle qu'il a tenue dans la Belgique; & je prie tous les Membres de cette Aſſemblée, de lire le compte qu'il vient de publier.

Si, ce que je ne puis croire, Miranda étoit coupable, on verra que je ne ſerai pas le dernier à m'élever contre lui; & je ſerois d'autant plus ſévère à ſon égard, que je l'aurois cru plus homme de bien.

Mais je l'avoue, il eſt des faits qui me parlent hautement en ſa faveur. Il eſt le ſeul des Généraux que Dumouriez ait ſacrifié. En même temps, avant que la trahiſon de Dumouriez fut connue, Miranda m'a déclaré, ainſi qu'à Bancal, que Dumouriez l'avoit preſſenti pour ſavoir s'il feroit marcher ſon armée ſur Paris, ce qu'il avoit repouſſé avec indignation. Et ce fait, je l'ai dénoncé au Comité de défenſe générale, en préſence de

Bancal, & avant que la conſpiration fut dévoilée.

Or c'eſt cet homme que Robeſpierre ne balance pas à frapper avec une eſpèce de férocité. Il ne le frappe pas comme un prévenu, mais il affirme qu'il eſt coupable. Lâche que vous êtes ! attendez au moins qu'il ait été entendu ; il ſera tems alors de prononcer, de punir ou d'abſoudre.

Mais, Citoyens, il ne faut pas ici prendre le change ; il ne faut pas que des dénonciations vagues, des accuſations abſurdes faſſent perdre de vue le ſyſtême le plus affreux qui ait été enfanté ; ſyſtême ſuivi avec une conſtance & une perfidie dont l'hiſtoire des révolutions n'offre pas d'exemple, celui de perdre la Convention Nationale, de nous replonger dès-lors dans l'anarchie, & de l'anarchie dans le deſpotiſme. Il eſt des hommes qui ont calomnié cette Aſſemblée, avant même ſa création ; & qui n'ont pas ceſſé de la pourſuivre avec l'acharnement le plus cruel. Tantôt, ils l'ont attaquée en maſſe ; tantôt ils ont attaqué les individus, par des libelles atroces, par des déclamations empoiſonnées. Tantôt ils l'ont deshonorée par des excès ; tantôt ils l'ont pouſſée à des partis extêmes. Tantôt ils ont voulu la dominer par la crainte, & l'asservir. Toujours ils ont affoibli ce qui faisoit sa force... la confiance. Toujours corrompant la morale du Peuple ; égarant ses opinions, & le porrant à des violences.

On a trop souvent envisagé ces faits d'une manière isolée & comme dus au hasard & aux circonstances, tandis qu'ils s'enchaînent & sont le résultat de combinaisons astucieuses & profondes. Les hommes qui tiennent les fils secrets de cette trame n'ont jamais manqué de redoubler d'efforts à l'approche du danger. C'est lors de notre premier échec dans la Belgique, qu'a éclaté la conjuration du 9 au 10. C'est lors de la trahison de Dumouriez, c'est lorsque l'ennemi est sur nos frontières, qu'on dispose tout pour un grand mouvement ; que les motions les plus incendiaires, les pétitions les plus liberticides se succèdent, pour ainsi dire, sans interruption. Tout prend pour détruire la République, la même marche qui a été suivie pour détruire la Royauté. On parle des trahisons de la Convention, comme on parloit autrefois de la trahison du Roi. On parle d'insurrection contre la Convention, comme on parloit d'insurrection contre le château. On cherche à liguer les Sections, comme elles se réunirent alors. On a regardé le 10 Mars comme le 20 Juin; & je ne doute pas qu'on prépare un 10 Août: mais l'un fut l'aurore de la Liberté, & celui-ci en seroit le tombeau.

Vous qui aimez la Liberté, mais qu'on égare; vous qui secondez, sans le savoir, les horribles projets des traîtres qui se masquent à vos yeux; vous, du patriotisme desquels ils abusent, pour vous porter sans cesse au-de-là de toutes bornes, pour exaspérer vos ames; vous qui n'appercevez plus de courage que dans le bruit, & d'énergie que dans les fureurs; vous qui prenez pour construire, les mêmes moyens que nous prenions pour détruire; vous qui faites haïr la République avant qu'elle soit établie, je vous adjure; ouvrez les yeux; nous sommes sur le point de tomber dans l'abyme, & d'y entraîner notre malheureuse Patrie avec nous. Vous gémirez alors, vous verserez des larmes de sang, mais il ne sera plus tems. Vous chercherez à vous justifier vos torts à vous-mêmes, en imputant aux autres les maux que vous aurez imprudemment commis. Réunissons-nous dans le péril commun, & vengeons l'honneur national indignement outragé ; tenons d'une main ferme les rennes du Gouvernement ; que la Loi règne avec empire ; que tous les perturbateurs, que ceux qui foulent aux pieds toutes les autorités conſtituées ſoient ſévèrement réprimés. N'avons-nous pas été témoins, n'avons-nous pas penſé être victimes de complots atroces ? Sachons enfin où en ſont les pourſuites, ſur la conſpiration du 9 au 10 ; ſachons enfin ſi les ſcélérats qui l'ont ourdie, tomberont bientôt ſous le glaive de la Loi : plus de ménagemens, plus de foibleſſe ; ce ſeroit trahir la cauſe de la Liberté : la lutte terrible entre l'anarchie & la liberté, la vertu & le crime doit bientôt finir. Si les hommes de bien ſuccombent, qu'ils périſſent au moins avec courage, avec le ſentiment d'avoir rempli leurs devoirs ; ils auront des vengeurs, & la Liberté renaîtra de leurs cendres.

De l'Imprimerie d'Antoine-Joſeph Gorsas, Rue Tiquetonne, N°. 7. 1793.

www.ingramcontent.com/pod-product-compliance
Ingram Content Group UK Ltd.
Pitfield, Milton Keynes, MK11 3LW, UK
UKHW020503220726
13923UKWH00006B/2732